サイパー 国語 読解の特訓シリーズ シリーズ三十二

文法の特訓 動詞編 上
・小学高学年以上向き・

もくじ

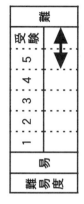

「文法の特訓 動詞編」について————2
このテキストのつかい方————3

ことばの種類————4

動詞————6
　問題一————8
五段活用動詞————13
　問題二————16
上一段活用動詞————19
　問題三————21
下一段活用動詞————24
　問題四————26
可能動詞————29
　問題五————29
　問題六————33
　問題七————36

五十音表————7
テスト一————11
テスト二————18
テスト三————23
テスト四————28
テスト五————31
テスト六————34
テスト七————43

解答————45

M.access　　　　　　　-1-　　　　　　　文法の特訓　動詞編　上

「文法の特訓　動詞編」について

　「文法の特訓」は、文法の詳しい学習をすることによって、読解がより深く正しくできるようになり、さらに国語力全般が向上することをねらいとしたテキストです。「文法の特訓　動詞編」は単語、特に「動詞」の性質と意味を正確にとらえる訓練をすることによって、文法を深く理解するものです。

　小学校では、体系だった文法の学習は、一般にはしません。中学になって文法の詳しい学習をするのですが、中学では同時に英語の学習も始まります。外国語を学ぶには、どうしてもその言語の文法を学ぶ必要があります。外国語の文法を学ぶ前には、必ず母国語の文法を先に学習しておく必要があります。英語を学んでいて、途中でつまずく原因のいくらかは、日本語の文法の学習が深くされていないために起こっています。

　このテキストは、子供たちが正しい文法力を身につけ、高い国語力さらには外国語を学ぶための基礎力を高めることを願って作られています。

このテキストのつかい方

このテキストは、ことばの意味や使い方をくわしく学習するためのテキストです。楽しく学習することが目標ですので、わからない問題をとばしてもかまいません。国語辞典や学校の教科書などを調べて答えてもかまいません。どうしても分らない所は、答えを見てもかまいません。またお父さんやお母さん、お兄さん、お姉さん、学校の先生などにヒントをもらってもいいでしょう。

自力で解けなかった問題は、必ず日をおいてもう一度解いてみましょう。解けない問題が多かった場合は、このテキストを最初から全部やり直すのも良いでしょう。

ではさっそく始めましょう。

ことばの種類　　　　　　　　　　　　　年　　月　　日

■ことばの種類

ことばにはいろいろな種類があります。

あ、　本　家　犬　水　平和　美しさ　考え　私　など
　　　…ものや生き物、ようす、動きなどの名前を表すことば

い、　走る　食べ（ます）　笑わ（ない）　見れ（ば）　など
　　　…ものの動きを表すことば

う、　赤い　楽しく（なる）　くやし（かった）　など
　　　…ものごとのようすを表すことば A

え、　さわやかだ　はなやかだっ（た）　危険に（なる）　など
　　　…ものごとのようすを表すことば B

お、　かなり　ふわふわ　まるで　とても　など
　　　…ものごとのようすを表すことば C

か、　この　たいした　おかしな　いかなる　など
　　　…ものごとのようすを表すことば D

ことばの種類　　　　　　　　　　　年　月　日

き゛　しかし　すると　また　それとも　など
　　　…ことばや文をつなぐことば

く゛　ああ　おい　おはよう　いいえ　など
　　　…感動や呼びかけ、あいさつなど表すことば

け゛　（読ま）せる　（食べ）られる　（晴れ）らしい　など
　　　…他のことばについて、意味をおぎなうことば

こ゛　（あなた）が　（フランス）に　（食事）を　など
　　　…他のことばについて、語句の関係を表すことば

それぞれ
あ…名詞（あるいは代名詞）　　い…動詞　　う…形容詞
え…形容動詞　　お…副詞　　か…連体詞　　き…接続詞
く…感動詞　　け…助動詞　　こ…助詞
といいます。

これら「××詞」をあわせて「品詞」といいます。

本書では、これらのうち「い（ものの動きを表す言葉）…動詞」について学習します。

M.access　　　　　- 5 -　　　　　文法の特訓　動詞編　上

動詞

■動詞

　「走る」「呼ん（でいる）」「泳が（ない）」「笑い（ます）」「勉強し（た）」「考えれ（ば）」「遊ぼ（う）」など、**ものの動きを表すことば**を動詞と言います。

動詞の特徴

一、述語になれる
　　犬が**走る**　　母が**呼ん**でいる　　ぼくは**泳が**ない
　　父が**笑い**ます　　ゆかりは**勉強し**た
　（「述語」については、国語読解の特訓シリーズ「文の組み立て特訓」、シリーズ二十九「主語・述語専科」を参考にしてください。）

二、活用する（語尾が変化する）
　　「走る」ということばは、「走ら（ない）」「走り（ます）」「走る（。）」「走る（時）」「走れ（ば）」「走れ（。）」「走ろ（う）」など、ことばの最後の部分（語尾）が変化します。
　　ことばの語尾が変化することを「活用」といいます。動詞は「活用」します。

★動詞は活用（語尾が変化）しますが、言い切り（「。」で終わる形＝終止形）の形にしたとき、必ず**ウ段**になります。（7ページ表参照）→語を伸ばすと「うー」になる。

　走**る**。　「る」を伸ばして言うと「るー」で「うー」になる＝う段
　泳が**ない**→泳**ぐ**。　　　笑い**ます**→笑**う**。
　勉強し**た**→勉強す**る**。　　考えれ**ば**→考え**る**。
　遊ぼ**う**→遊**ぶ**。　　　　　　全て**ウ段**になります

五十音表

	あ行	か行	さ行	た行	な行	は行	ま行	や行	ら行	わ行	わ行（正）
あ段	あ	か	さ	た	な	は	ま	や	ら	わ	わ
い段	い	き	し	ち	に	ひ	み	い	り	い	ゐ
う段	う	く	す	つ	ぬ	ふ	む	ゆ	る	う	う
え段	え	け	せ	て	ね	へ	め	え	れ	え	ゑ
お段	お	こ	そ	と	の	ほ	も	よ	ろ	お	を

↑特殊

（本来の「わ行」の変化ではないが、現代語文法の「わ行」を考えるときは、特別にこうなる。）

ん

問題一　1～5　　　　　　　　　　年　月　日

問題一、次のア～エのうち、動詞（をふくむもの）を一つ選んで、記号で答えなさい。

1、ア、はなやかだ　イ、泳ぐ　ウ、会社　エ、白い　□

2、ア、明るく　イ、歩いて　ウ、とても　エ、ラジオ　□

3、ア、薬　イ、にがい　ウ、のまない　エ、しかし　□

4、ア、来る　イ、大阪　ウ、のびやか　エ、黒く　□

5、ア、花　イ、買わない　ウ、こんにちは　エ、短い　□

問題一 6〜10   年　月　日

6、ア、遅く　イ、見にくい　ウ、走れ　エ、琵琶湖

□

7、ア、かわいさ　イ、飛んで　ウ、まさか　エ、だが

□

8、ア、勉強した　イ、美しかった　ウ、はなやか　エ、決して

□

9、ア、浅く　イ、その　ウ、くやしい　エ、働け

□

10、ア、見なかった　イ、特別な　ウ、花子　エ、愛らしく

□

問題一 11〜15　　　　　　　　　年　月　日

11、ア　青い　　イ　いす　　ウ　だから　　エ　とまどう　□

12、ア　茶わん　　イ　すらすら　　ウ　涼しく　　エ　読んで　□

13、ア　ひどい　　イ　もっと　　ウ　平和　　エ　生えた　□

14、ア　太い　　イ　太る　　ウ　細く　　エ　細さ　□

15、ア　猿　　イ　すごい　　ウ　燃える　　エ　かたくなだ　□

テスト1~4　　　　　　　　　　年　月　日

テスト1、次のア～エのうち、動詞(をふくむもの)を一つ選んで、記号で答えなさい。(各10点×10)

点（合格80点）

1、ア、とちらで　イ、動こう　ウ、お風呂　エ、低さ

2、ア、語った　イ、琵琶湖　ウ、しばらく　エ、良し

3、ア、愛　イ、ため　ウ、透明な　エ、読め

4、ア、思う　イ、生命　ウ、すこやか　エ、苦手な

テスト 5〜10　　　　　　　　　年　月　日

5　ア　固い　　イ　食べて　　ウ　短く　　エ　現代　　□

6　ア　ひかる　　イ　ひかり　　ウ　輝き　　エ　輝かしい　　□

7　ア　試した　　イ　試しに　　ウ　試験　　エ　試合　　□

8　ア　黄色い　　イ　赤色　　ウ　色づく　　エ　いろいろ　　□

9　ア　きれいだ　　イ　あした　　ウ　大した　　エ　打った　　□

10　ア　聞いて　　イ　右手　　ウ　どうして　　エ　だって　　□

M.access　　　- 12 -　　　文法の特訓　動詞編　上

五段活用動詞

■五段活用動詞（あいうえお動詞）

活用（語尾の変化）について考えてゆきましょう。
例えば「書く」という動詞の場合で考えます。

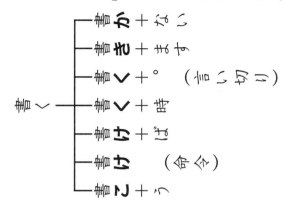

「ない」につながるときは「書か」、「ます」につながるときは「書き」のように、「書く」という動詞は、その後に来る語によって、語尾が変化します。

右の表でわかるように、「書く」という動詞の語尾は、その後につながる語によって、「書か」「書き」「書く」「書く」「書け」「書け」「書こ」と変化します。

このように語尾が「か」「き」「く」「く」「け」「け」「こ」と、五十音表（P7参照）の「あ段」から「お段」に渡って変化することを「五段活用」といいます。

また、「か」「き」「く」「け」「こ」は五十音表（P7参照）の「か行」になりますので、「書く」という動詞は、「か行五段活用の動詞」と表現できます。

五段活用動詞　　　　　　　　　　　　　年　　月　　日

同じように「笑う」という動詞で考えましょう。それぞれ「笑う」の後に「…ない」「…ます」「…。(言い切り)」「…時」「…ば」「(命令)」「…う」をつけて、その変化を調べます。

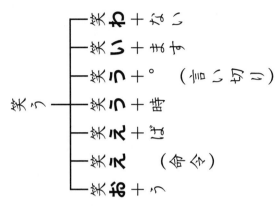

「笑う」の語尾が「**わ**」「**い**」「**う**」「**う**」「**え**」「**え**」「**お**」と変化しているのがわかります。「**あ段**」から「**お段**」に変化している(P7参照)ので、「**五段活用**」です。

また「わ」「い」「う」「え」「お」は「**わ行**」(P7参照)ですので、「笑う」は「**わ行五段活用の動詞**」です。

(「わ行」は本来「わゐうゑを」と変化します。「笑う」はかつて「笑ふ」が正しく、「笑は＋ない」「笑ひ＋ます」「笑ふ＋。」「笑ふ＋時」「笑く＋ば」「笑く(命令)」「笑は＋う」と活用しました(**は**行四段活用)。「笑う」は本来「わ行」ではなく「は行」で「笑ふ」だったのを無理に「笑う」と表記を変えたもので、現在する「わいうえお」という特殊な変化をするようになってしまいました。ちなみに、元々「あ行」の動詞は「あ行」と「わ行」の混ざった「わいうえお」という特殊な変化になってしまいました。ちなみに、元々「あ行四段活用」の動詞は存在しませんでした。現在も「あ行五段活用」の動詞は存在しません。)

五段活用動詞　　　　　　　　　　　年　月　日

例題、次の動詞の中から、五段活用の動詞（あいうえお動詞）を探して、記号で答えなさい。

　ア、来る　　　イ、勉強する　　　ウ、食べる
　エ、起きる　　オ、話す

★動詞の活用の見分け方

その動詞に「…ない」をつけたときの語尾の変化の形で見分ける。

五段活用の動詞は、「…ない」をつけたときに「あ段」に活用しました。

　書く→書**か**ない　「か」は「あ段」→五段活用
　笑う→笑**わ**ない　「わ」は「あ段」→五段活用

「ア、来る（くる）」に「…ない」をつけると、「来ない（**こ**ない）」と変化します。「こ」は「お段」ですので、これは五段活用ではありません。

「イ、勉強する」に「…ない」をつけると、「勉強し**な**い」となり、「し」は「い段」ですので、これも五段活用ではありません。

「ウ、食べる」も「…ない」をつけると、「食べない」で「え段」に活用するので、ちがいます。

「エ、起きる」も「…ない」をつけると、「起きない」で「い段」に活用しますから、これもちがいます。

問題二　1〜3

「オ、話す」は、「…ない」をつけると、「話さない」と「あ段」に活用します。したがって五段活用の動詞は「オ、話す」となります。

答、「オ」

問題三　次のア〜エの動詞の中から、五段活用の動詞（あいうえお行）をさがして、記号で答えなさい。またそれが「何行」の五段活用か答えなさい。

例、ア、起きる　イ、勉強する　ウ、食べる　エ、話す

| エ | サ行 |

1、ア、登校する　イ、歌う　ウ、見る　エ、消える

|　|　行 |

2、ア、来る　イ、覚える　ウ、あきる　エ、飲む

|　|　行 |

3、ア、越える　イ、用いる　ウ、取る　エ、する

|　|　行 |

問題二 4〜9

4、ア、戦う　イ、着る　ウ、生える　エ、読書する
　　□　　□行

5、ア、育てる　イ、かえりみる
　　ウ、水やりする　エ、働く
　　□　　□行

6、ア、行く　イ、行ける　ウ、煮る　エ、着替える
　　□　　□行

7、ア、生きる　イ、読む　ウ、食事する　エ、こける
　　□　　□行

8、ア、苦労する　イ、動く　ウ、もれる　エ、満ちる
　　□　　□行

9、ア、尊敬する　イ、似る　ウ、食べる　エ、悲しむ
　　□　　□行

テスト二 1～5

年　月　日

テスト二、次のア～エの動詞の中から、五段活用の動詞（あいうえお動詞）を探して、記号で答えなさい。またそれが「何行」の五段活用か答えなさい。（各10点×10）

点（合格80点）

1、ア、変える　　イ、しみる　　ウ、行動する　　エ、泳ぐ

□　□行

2、ア、閉じる　　イ、取れる　　ウ、走る　　エ、宣言する

□　□行

3、ア、逃げる　　イ、急ぐ　　ウ、する　　エ、率いる

□　□行

4、ア、聞く　　イ、正座する　　ウ、試みる　　エ、投げる

□　□行

5、ア、恥じる　　イ、来る　　ウ、捨てる　　エ、歩く

□　□行

上一段活用動詞

■上一段活用動詞（い動詞）

「起きる」という動詞で考えます。

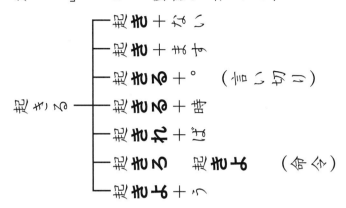

右の表でわかるように、「起きる」という動詞の語尾は、その後につながる語によって、「起き」「起き」「起きる」「起きる」「起きれ」「起きろ（起きよ）」「起きよ」と変化します。

このように語尾が「き」「き」「きる」「きる」「きれ」「きろ（きよ）」「きよ」と、五十音表（P7参照）の「い段」あるいは「い段＋一文字」で変化することを「上一段（かみいちだん）活用」といいます。

また、「き」「き」「きる」「きれ」「きろ」「きよ」の「き」は五十音表（P7参照）の「か行」になりますので、「起きる」という動詞は、「か行上一段活用の動詞」と表現できます。

上一段活用動詞

同じように「見る」という動詞で考えましょう。それぞれ「見る」の後に「…ない」「…ます」「…。(言い切り)」「…時」「…ば」「(命令)」「…う」をつけて、その変化を調べます。

```
          ┌─ み + ない
          ├─ み + ます
          ├─ みる + 。 (言い切り)
見る ─────┼─ みる + 時
          ├─ みれ + ば
          ├─ みろ　みよ　(命令)
          └─ みよ + う
```

「見る」が「**み**」「**み**」「**みる**」「**みる**」「**みれ**」「**みろ**(**みよ**)」「**みよ**」と変化しているのがわかります。「**い段**」あるいは「**い段＋一文字**」で変化している (P7参照) ので、「**上一段活用**」です。

また「**み**」「**み**」「**みる**」「**みる**」「**みれ**」「**みろ**(**みよ**)」「**みよ**」の「**み**」は「**ま行**」(P7参照)ですので、「見る」は「**ま行上一段活用の動詞**」です。

★上一段活用動詞の見分け方

その動詞に「…ない」をつけた時に「**い段**」に変化するものが「上一段活用動詞」です。

問題三　次のア～エの動詞の中から、上一段活用の動詞（い動詞一詞）を探して、記号で答えなさい。また、それが「何行」の上一段活用か答えなさい。

1、ア、寝る　イ、動く　ウ、覚える　エ、満ちる

□　□行

2、ア、笑う　イ、もれる　ウ、起きる　エ、飲む

□　□行

3、ア、あきる　イ、怒る　ウ、取れる　エ、話す

□　□行

4、ア、行く　イ、行ける　ウ、煮る　エ、煮える

□　□行

5、ア、閉じる　イ、食べる　ウ、走る　エ、逃げる

□　□行

問題三 6〜10

6、ア、逃げる　イ、急ぐ　ウ、切る　エ、生きる
　　　　　　　　　　　　□　　　　□行

7、ア、率いる　イ、読む　ウ、笑える　エ、こける
　　　　　　　　　　　　□　　　　□行

8、ア、投げる　イ、しみる　ウ、走れる　エ、泳ぐ
　　　　　　　　　　　　□　　　　□行

9、ア、取る　イ、喜ぶ　ウ、試みる　エ、変える
　　　　　　　　　　　　□　　　　□行

10、ア、越える　イ、似る　ウ、悲しむ　エ、する
　　　　　　　　　　　　□　　　　□行

テスト三　次のア〜エの動詞の中から、上一段活用の動詞（い段活用の動詞）を探して、記号で答えなさい。またそれが「何行」の上一段活用か答えなさい。（各10点×10）

（合格80点）　　点

1、ア、謝る　　イ、用いる　　ウ、食べる　　エ、聞く

　　□　　□行

2、ア、引っ越す　　イ、歌う　　ウ、見る　　エ、消える

　　□　　□行

3、ア、恥じる　　イ、来る　　ウ、捨てる　　エ、歩く

　　□　　□行

4、ア、戦う　　イ、着る　　ウ、生える　　エ、とどろく

　　□　　□行

5、ア、育てる　　イ、かえりみる　　ウ、乗る　　エ、働く

　　□　　□行

■下一段活用動詞（え動詞）

「食べる」という動詞で考えます。

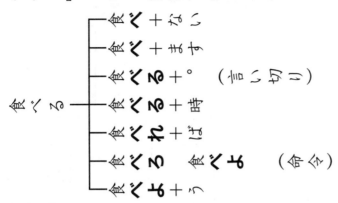

右の表でわかるように、「食べる」という動詞の語尾は、その後につながる語によって「食べ」「食べ」「食べる」「食べる」「食べれ」「食べろ（食べよ）」「食べよ」と変化します。

このように語尾が「べ」「べ」「べる」「べる」「べれ」「べろ（べよ）」「べよ」と、五十音表（P7参照）の「え段」あるいは「え段＋一文字」で変化することを「下一段（しもいちだん）活用」といいます。

また、「べ」「べ」「べる」「べれ」「べろ」「べよ」の「べ」は五十音表（P7参照）の「ば行」になりますので、「食べる」という動詞は、**「ば行下一段活用の動詞」**と表現できます。

下一段活用動詞

同じように「越える」という動詞で考えましょう。それぞれ「越える」の後に「…ない」「…ます」「…。（言い切り）」「…時」「…ば」「（命令）」「…う」をつけて、その変化を調べます。

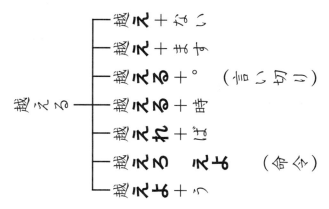

越える ─┬─ 越え＋ない
　　　　├─ 越え＋ます
　　　　├─ 越える＋。（言い切り）
　　　　├─ 越える＋時
　　　　├─ 越えれ＋ば
　　　　├─ 越えろ　えよ　（命令）
　　　　└─ 越えよ＋う

「越える」の語尾が「え」「え」「える」「える」「えれ」「えろ（えよ）」「えよ」と変化しているのがわかります。「え段」あるいは「え段＋一文字」で変化している（P7参照）ので、「下一段活用」です。

また「え」「え」「える」「える」「えれ」「えろ（えよ）」「えよ」の「え」は「あ行」（P7参照）ですので、「越える」は「あ行下一段活用の動詞」です。

（「越える」は元々「越ゆ」だったので「越える」の「え」は「や行」の「え」です。したがって「越える」は、正しくは「や行下一段活用」ですが、ここではまだその区別がつきませんので「あ行」としておきます。）

★下一段活用動詞の見分け方

その動詞に「…ない」をつけた時に「え段」に変化するものが「下一段活用動詞」です。

問題四 次のア〜エの動詞の中から、下一段活用の動詞(え動詞)を探して、記号で答えなさい。またそれが「何行」の下一段活用か答えなさい。

1、ア、尊敬する　イ、行く　ウ、もれる　エ、満ちる

　□　□行

2、ア、動く　イ、泣く　ウ、煮る　エ、食べる

　□　□行

3、ア、苦労する　イ、似る　ウ、増える　エ、悲しむ

　□　□行

4、ア、投げる　イ、急ぐ　ウ、する　エ、率いる

　□　□行

5、ア、聞く　イ、正座する　ウ、試みる　エ、逃げる

　□　□行

問題四 6〜10

6、ア、戦う　イ、かえりみる
　　ウ、生える　エ、読書する
　　□　□行

7、ア、覚える　イ、着る　ウ、水やりする　エ、働く
　　□　□行

8、ア、来る　イ、育てる　ウ、用いる　エ、飲む
　　□　□行

9、ア、植える　イ、あきる　ウ、読む　エ、する
　　□　□行

10、ア、生きる　イ、取る　ウ、食事する　エ、つける
　　□　□行

テスト四 1〜5   年　月　日

テスト四、次のア〜エの動詞の中から、下一段活用の動詞（え 動詞）を探して、記号で答えなさい。またそれが「何行」の下一段活用か答えなさい。（各10点×10）

□点（合格80点）

1、ア、変える　イ、閉じる　ウ、勉強する　エ、泳ぐ
　　□　□行

2、ア、しみる　イ、登校する　ウ、得（え）る　エ、詰する
　　□　□行

3、ア、行動する　イ、走る　ウ、見る　エ、消える
　　□　□行

4、ア、起きる　イ、捨てる　ウ、歌う　エ、宣言する
　　□　□行

5、ア、恥じる　イ、来る　ウ、取れる　エ、歩く
　　□　□行

可能動詞　問題五　1〜4　　　　　　　　　　　年　月　日

■可能動詞
「…できる」の意味をもった動詞を「可能動詞」と言います。

可能動詞は、五段活用動詞（あいうえお動詞）から変成してできたもので、その活用は全て下一段活用（え動詞）となります。

　　五段活用動詞　　　　可能動詞（下一段活用）
　　書く　　→　　書ける
　　笑う　　→　　笑える

問題五、次の五段活用動詞（あいうえお動詞）を可能動詞に書きかえなさい。

1、泳ぐ　→

2、飲む　→

3、急ぐ　→

4、戦う　→

問題五 5〜12

5、働く →

6、行く →

7、読む →

8、動く →

9、悲しむ →

10、歌う →

11、聞く →

12、歩く →

テスト五、次の五段活用動詞（あいうえお動詞）を可能動詞に書きかえなさい。（各10点×10）

1、話す　→
2、押す　→
3、たたく　→
4、打つ　→
5、買う　→

テスト五 6〜10　　　　　　　　　　　　　年　月　日

6、引く　→

7、こねる　→

8、はさむ　→

9、しまう　→

10、むすぶ　→

問題六　1〜8

問題六、次の可能動詞を、元の五段活用動詞（あいうえお動詞）に直しなさい。

1、干（ほ）せる　→

2、咲ける　→

3、ためる　→

4、食（く）える　→

5、直せる　→

6、泣ける　→

7、消せる　→

8、開ける　→

テスト六 1〜5

テスト六、次の可能動詞を、元の五段活用動詞（あいうえお動詞）に直しなさい。（各10点×10）

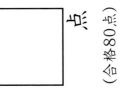 点（合格80点）

1、解ける →

2、つかめる →

3、使える →

4、立てる →

5、離せる →

テスト六 6〜10

6、着ける →

7、休める →

8、さわげる →

9、洗える →

10、持てる →

問題七　例

可能動詞は五段活用の動詞のみで、五段活用動詞以外の動詞は、可能動詞にはなりません。

　　行く　　→　　○行ける
　　走る　　→　　○走れる

「見る」は五段活用ではない（上一段活用）ので、可能動詞はありません。

　　見る　　→　　×見れる

五段活用以外の動詞で可能の意味（…できる）を表すには、助動詞「られる」を接続しなければなりません。

　　見る　　→　　○見られる

問題七、次の動詞が五段活用の動詞（あいうえお動詞）かそれ以外の動詞かを判断して、五段活用動詞なら可能動詞に、それ以外の動詞なら「…られる」を接続して、「…できる」という意味のことばを作りなさい。

例、走る　→　| 五段活用動詞なので、可能動詞になる |
　　　　　　| 走れる |

　　閉じる　→　| 上一段活用動詞なので、「られる」を接続する |
　　　　　　　| 閉じられる |

問題七 １〜８　　　　　　　　　　　年　　月　　日

１、食べる　→

２、釣る　→

３、付ける　→

４、作る　→

５、来る　→

６、寝る　→

７、眠る　→

８、生きる　→

問題七 9〜16

9、乗る →

10、なめる →

11、張る →

12、うめる →

13、取る →

14、決める →

15、閉める →

16、けずる →

問題七 17〜24　　　　　　　　年　月　日

17、止(と)める →

18、止まる →

19、開ける →

20、こもる →

21、はめる →

22、売る →

23、ほめる →

24、やめる →

問題七 25～32

25、もぐる →

26、降りる →

27、おどる →

28、借りる →

29、織る →

30、報いる →

31、捨てる →

32、率いる →

問題七　33〜40　　　　　　　　　　　　　　年　月　日

33、起きる　→

34、入(い)れる　→

35、入(はい)る　→

36、上げる　→

37、下げる　→

38、狩る　→

39、逃げる　→

40、告げる　→

問題七 41〜48

41、座る →

42、投げる →

43、ける →

44、曲げる →

45、語る →

46、もうける →

47、ののしる →

48、強いる →

テスト七 1〜5

テストで、次の動詞が五段活用の動詞かうう以外の動詞かを判断して、五段活用動詞なら「…れる」を、うう以外の動詞なら「…られる」を接続して、それぞれ「…できる」という意味のことばを作りなさい。（各10点×10）

□点（合格80点）

1、伏せる　→

2、かぶる　→

3、怒（おこ）る　→

4、見せる　→

5、得（え）る　→

テスト七 6〜10　　　　　　　　　　　　　年　月　日

6´ 着る　→ ☐

7´ 去る　→ ☐

8´ 乗せる　→ ☐

9´ 煮る　→ ☐

10´ 試みる　→ ☐

解答

P8 問題一
1、イ　2、イ　3、ウ　4、ア　5、イ
6、ウ　7、イ　8、ア　9、エ　10、ア
11、エ　12、エ　13、エ　14、イ　15、ウ

P11 テスト一（各10点×10）
1、イ　2、ア　3、エ　4、ア
5、イ　6、ア　7、ア　8、ウ　9、エ　10、ア

P16 問題二
1、イ　わ行　2、エ　ま行　3、ウ　ら行　4、ア　わ行
5、エ　か行　6、ア　か行　7、イ　ま行　8、イ　か行
9、エ　ま行

P18 テスト二（各10点×10）
1、エ　が行　2、ウ　ら行　3、イ　が行　4、ア　か行
5、エ　か行

P21 問題三
1、エ　た行　2、ウ　か行　3、ア　か行　4、ウ　な行
5、ア　さ行　6、エ　か行

- 45 -

M.access　　文法の特訓　動詞編　上

解答　　　　　　　　　　　　　年　月　日

P22
7、ア　あ行（元は「率ゐる」で「わ行」）　8、イ　ま行
9、ウ　ま行　10、イ　な行

P23
テスト三、（各10点×10）
1、イ　あ行（元は「率ゐる」で「わ行」）　2、ウ　ま行
3、ア　さ行　4、イ　か行　5、イ　ま行

P26
問題四
1、ウ　ら行　2、エ　は行　3、ウ　あ行（や行）
4、ア　が行　5、エ　が行　6、ウ　あ行（や行）
7、ア　あ行（や行）　8、イ　た行
9、ア　あ行（わ行　植ゑる）　10、エ　か行

P28
テスト四、（各10点×10）
1、ア　あ行（は行　変ぐる）　2、ウ　あ行
3、エ　あ行（や行　元は「消ゆ」）　4、イ　た行
5、ウ　ら行

P29
問題五
1、泳げる　2、飲める　3、急げる　4、戦える
5、働ける　6、行ける　7、読める　8、動ける

解答　　　　　　　　　　　　　年　　月　　日

P30
9、悲しめる　10、歌える　11、聞ける　12、歩ける

P31
テスト五、（各10点×10）
1、話せる　2、押せる　3、たためる　4、打てる
5、買える　6、引ける　7、こわせる　8、はさめる
9、しまえる　10、むすべる

P33
問題六
1、干す　2、咲く　3、たたむ　4、食う　5、直す
6、泣く　7、消す　8、開く

P34
テスト六、（各10点×10）
1、解く　2、つかむ　3、使う　4、立つ　5、離す
6、着く　7、休む　8、さわぐ　9、洗う　10、持つ

P36
問題七
1、食べられる（×食べれる）　2、釣れる（可能動詞）
3、付けられる（×付けれる）　4、作れる（可能動詞）
5、来られる（×来れる）　6、寝られる（×寝れる）
7、眠れる（可能動詞）　8、生きられる（×生きれる）
9、乗れる（可能動詞）　10、なめられる（×なめれる）
11、張れる（可能動詞）　12、うめられる（×うめれる）

解答 P38　　　　　　　　　　　　　　　年　月　日

13、取れる（可能動詞）　　　　14、決められる（×決めれる）
15、閉められる（×閉めれる）　16、けずれる（可能動詞）
17、止められる（×止めれる）　18、止まれる（可能動詞）
19、開けられる（×開けれる）　20、こもれる（可能動詞）
21、はめられる（×はめれる）　22、売れる（可能動詞）
23、ほめられる（×ほめれる）　24、やめられる（×やめれる）
25、もぐれる（可能動詞）　　　26、降りられる（×降りれる）
27、おどれる（可能動詞）　　　28、借りられる（×借りれる）
29、織れる（可能動詞）　　　　30、報いられる（×報いれる）
31、捨てられる（×捨てれる）　32、率いられる（×率いれる）
33、起きられる（×起きれる）　34、入れられる（×入れれる）
35、入れる（可能動詞）　　　　36、上げられる（×上げれる）
37、下げられる（×下げれる）　38、狩れる（可能動詞）
39、逃げられる（×逃げれる）　40、告げられる（×告げれる）
41、座れる（可能動詞）　　　　42、投げられる（×投げれる）
43、けれる（可能動詞）　　　　44、曲げられる（×曲げれる）
45、語れる（可能動詞）　　　　46、もうけられる（×もうけれる）
47、ののしれる（可能動詞）　　48、強いられる（×強いれる）

解答　　　　　　　　　　　年　月　日

P43 テスト七 (各10点×10)

1´ 伏せられる（×伏せれる）　　2´ かぶれる（可能動詞）
3´ 怒れる（可能動詞）　　　　　4´ 見せられる（×見せれる）
5´ 得られる（×得れる）　　　　6´ 着られる（×着れる）
7´ 去れる（可能動詞）　　　　　8´ 乗せられる（×乗せれる）
9´ 煮られる（×煮れる）　　　　10´ 試みられる（×試みれる）

M.access 学ぶの理念

☆学びたいという気持ちが大切です
勉強を強制されていると感じているのではなく、心から学びたいと思っていることが、子どもを伸ばします。

☆意味を理解し納得する事が学びです
たとえば、公式を丸暗記して当てはめて解くのは正しい姿勢ではありません。意味を理解し納得するまで考えることが本当の学習です。

☆学びには生きた経験が必要です
家の手伝い、スポーツ、友人関係、近所付き合いや学校生活もしっかりできて「学び」の姿勢は育ちます。
生きた経験を伴いながら、学びたいという心を持ち、意味を理解、納得する学習をすれば、負担を感じるほどの多くの問題をこなさずとも、子どもたちはそれぞれの目標を達成することができます。

発刊のことば

「生きてゆく」ということは、道のない道を歩いて行くようなものです。「答」のない問題を解くようなものです。今までで人はみんなそれぞれ道のない道を歩き、「答」のない問題を解いてきました。

子どもたちの未来にも、定まった「答」はありません。もちろん「解き方」や「公式」もありません。

私たちの後を継いで世界の明日を支えてゆく彼らにもっとも必要な、そして今、社会でもっとも求められている力は、この「解き方」も「公式」も「答」すらもない問題を解いてゆく力ではないでしょうか。

人間のはるかに及ばない、素晴らしい速さで計算を行うコンピューターでさえ、「解き方」のない問題を解く力はありません。特にこれからの人間に求められているのは、「解き方」も「公式」も「答」もない問題を解いてゆく力であると、私たちは確信しています。

M.accessの教材が、これからの社会を支え、新しい世界を創造してゆく子どもたちの成長に、少しでも役立つことを願ってやみません。

国語読解の特訓シリーズ三十二
文法の特訓 動詞編 上 新装版 (内容は旧版と同じものです)

新装版 第一刷
編集者 M.access (エム・アクセス)
発行所 株式会社 認知工学
〒604-8155 京都市中京区錦小路烏丸西入占出山町308
電話 (075)256-7711　email : ninchi@sch.jp
郵便振替 01080-9-19362 株式会社認知工学

ISBN978-4-86712-232-7　C-6381　　　N32030125A　　M

定価＝ 本体六〇〇円 ＋税